Dirección editorial M.ª Jesús Díaz

Texto, maquetación y diseño Estelle Talavera
Ilustraciones Kasandra, Silvina Socolovsky, iStock
Diseño de colección José Delicado

© SUSAETA EDICIONES S.A.
C/ Campezo, 13 - 28022 Madrid
Tel.: 91 3009100
www.susaeta.com

D.L.: M-14053-2024

EXPLORACIÓN ESPACIAL Y ASTRONAUTAS

Texto de Estelle Talavera

CHALLENGER

URANO

JUNO

TRANSBORDADOR

CASSINI

CURIOSITY

NEPTUNO

MESSENGER

VOYAGER 2

ASTRONAUTA

SATURNO

Índice

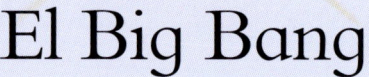

El Big Bang

¿Has visto lo grande que es tu planeta? Pues piensa que en realidad es diminuto dentro de la inmensidad del **espacio**.

   ¿Te suena el **Big Bang**? Se cree que todo empezó con una gran explosión hace unos 13 000 millones de años.

En sus orígenes, partículas
calientes mezcladas con luz
y energía se expandieron
y enfriaron poco
a poco. Fue el
comienzo del
universo.

¿SABES QUE TODAVÍA SIGUE
EXPANDIÉNDOSE?

El Sol, la mayor estrella

En la inmensidad del universo, existe una galaxia, llamada **Vía Láctea,** en la que se encuentra nuestro sistema solar. La estrella más grande, **nuestro Sol,** brilla en el centro y los planetas giran a su alrededor.

El Sol es una enorme **bola de gas.** Como su centro es combustible, es como una gran caldera... Su calor lo notamos en la Tierra, y gracias a él la vida es posible en nuestro planeta.

EN EL SOL HAY CONSTANTES ERUPCIONES, ES DECIR, EXPLOSIONES DE RADIACIÓN ELECTROMAGNÉTICA.

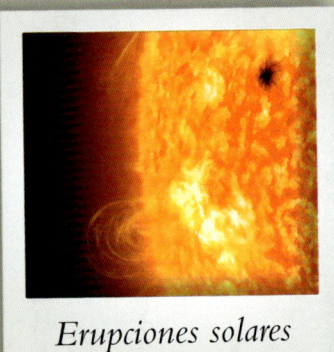

Erupciones solares

El sistema solar

Alrededor del Sol giran **ocho planetas.** Los cuatro más cercanos: Mercurio, Venus, Tierra y Marte, son rocosos; y los cuatro más lejanos: Júpiter, Saturno, Urano y Neptuno, son gaseosos.

Desde que comenzó la era espacial, el ser humano ha enviado **numerosas misiones no tripuladas** para explorar el sistema solar: nos hemos acercado a Venus, Marte, Júpiter, Saturno, algunos asteroides... ¡Y hasta hemos conseguido **pisar nuestro satélite,** la Luna!

SOL

MERCURIO

VENUS

Luna

TIERRA

MARTE

JÚPITER

CINTURÓN DE ASTEROIDES

SATURNO

URANO

NEPTUNO

Nuestro planeta

La Tierra es rocosa. Gira sobre sí misma (movimiento de **rotación**), y además gira alrededor del Sol (movimiento de **traslación**).

Está rodeada de una capa de gases (sobre todo nitrógeno y oxígeno, pero también helio o dióxido de carbono) que funciona como un escudo muy potente. Esta capa se llama **atmósfera** y nos protege de los rayos del Sol y de los meteoritos y otros objetos que golpean sin parar el planeta.

DEBEMOS CUIDAR BIEN DE NUESTRO PLANETA PARA PODER SEGUIR VIVIENDO EN ÉL.

Nuestro satélite

La Luna **gira alrededor de la Tierra** y también sobre sí misma, pero tarda lo mismo en su rotación que lo que tarda en dar una vuelta a la Tierra, y por eso siempre **vemos la misma cara** de la Luna.

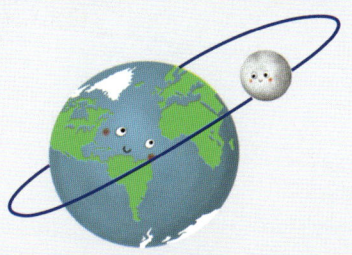

Según lo mucho o poco que la ilumine el Sol, la Luna será Luna llena, cuarto creciente, cuarto menguante o Luna nueva.

LAS FASES LUNARES DEPENDEN DE LA POSICIÓN EN LA QUE SE ENCUENTRAN LA LUNA, EL SOL Y LA TIERRA.

¡¿TE IMAGINAS SER EL ASTRONAUTA QUE PISÓ LA LUNA POR PRIMERA VEZ?!

Tecnología y exploración espacial

Existen varias **agencias espaciales**, como la **NASA**, de Estados Unidos. Estas agencias se encargan de la fabricación de **cohetes** y del **programa espacial**.

Primeros cohetes

Los conocimientos de astronomía, junto con los avances tecnológicos, han permitido saber mucho más sobre el universo. Y este mismo desarrollo han tenido los muchos cohetes que se han ido fabricando. ¿Sabías que los primeros creados fueron pensados para transportar bombas?

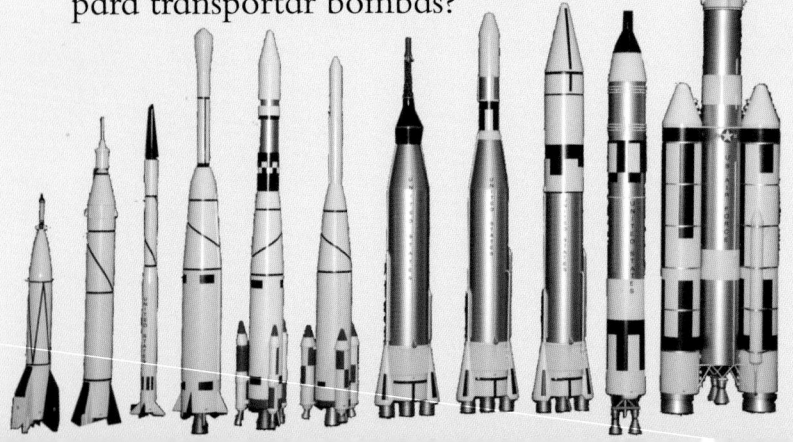

En Europa tenemos la Agencia Espacial Europea (**ESA**, *European Space Agency*). La componen 22 países, entre ellos España.

Partes de un cohete

Cápsula espacial

Módulo lunar

Tanque de hidrógeno líquido y propulsor J-3

Tanque de hidrógeno líquido y propulsor J-2

Tanque de oxígeno líquido y queroseno. Al final, estabilizador y propulsor J-1.

LAS SIGLAS N.A.S.A. VIENEN DEL INGLÉS *NATIONAL AERONAUTICS AND SPACE ADMINISTRATION* (ADMINISTRACIÓN NACIONAL DE AERONÁUTICA Y EL ESPACIO).

Estaciones espaciales

¿Te suena la Estación Espacial Internacional? Sus siglas son **EEI.** Es una gran estructura lanzada en 1998 para **orbitar alrededor de la Tierra**. Se mueve a unos 28 000 km/h.

Mide tanto como un campo de fútbol, es **el objeto artificial más grande que se ha enviado al espacio** y se fue construyendo por módulos.

¡La EEI ve **16 veces** al día el amanecer!

La **MIR** fue una estación espacial enviada por **los rusos** antes de la EEI y la primera que estuvo **habitada** de forma permanente. En 2001, cayó a tierra de forma controlada.

EL TRANSBORDADOR (DEL QUE HABLAREMOS MÁS ADELANTE) ACOPLABA LOS MÓDULOS PARA CONSTRUIR LA ESTACIÓN ESPACIAL MIR.

Sondas

Una sonda es un dispositivo artificial que se lanza al espacio para **estudiar** nuestro sistema solar. Hoy en día, hay muchas viajando fuera de nuestra galaxia; otras ya lo hicieron, pero su viaje terminó.

LA SONDA VOYAGER ES LA QUE MÁS LEJOS ESTÁ: ¡YA HA SALIDO DE NUESTRO SISTEMA SOLAR!

Sonda Messenger

La sonda espacial no tripulada *Messenger* fue lanzada por la NASA **rumbo a MERCURIO** en 2004. La sonda sobrevoló la Tierra una vez y Venus dos veces, en maniobras para poner rumbo a Mercurio, al que sobrevoló tres veces. En 2015, la NASA dio por terminada la misión e hizo que entrara en la órbita de Mercurio y se estrellara contra él.

VENUS ES LLAMADO «PLANETA GEMELO» PORQUE SE PARECE AL NUESTRO EN TAMAÑO, VOLUMEN Y GRAVEDAD, PERO ES INHABITABLE: 460 ºC DE MEDIA ¡Y CON LLUVIAS ÁCIDAS!

LOS PLANETAS DEL SISTEMA SOLAR GIRAN EN SENTIDO CONTRARIO A LAS AGUJAS DEL RELOJ, EXCEPTO VENUS Y URANO.

Venus Express

La misión *Venus Express* duró muchos más años de los previstos y pudo estudiar el **planeta VENUS** como nunca antes. Anterior a la *Venus Express* hubo varios intentos fallidos con otras sondas. La *Venus Express* pudo estudiar la atmósfera, la temperatura, las nubes de ácido sulfúrico y los relámpagos eléctricos.

Curiosity y Perseverance

Son varios los vehículos y sondas enviados a **MARTE**. Los más conocidos son *Spirit* (activo hasta 2010), *Opportunity* (activo hasta 2018), *Phoenix* (activo hasta 2010) y *Curiosity,* de tres metros de longitud, equipado con instrumentos especializados en **climatología y vida bacteriana** (sigue activo). En 2021 la NASA envió el *Perseverance,* como continuación del *Curiosity* pero con mejores instrumentos, para buscar **posible vida extraterrestre**.

MARTE ES DE COLOR ROJO POR SU ÓXIDO DE HIERRO. TIENE DOS LUNAS Y EL MONTE OLIMPO, EL VOLCÁN MÁS GRANDE CONOCIDO: ¡22 KM DE ALTURA!

27

JÚPITER ES EL PLANETA MÁS GRANDE DEL SISTEMA SOLAR. ES GASEOSO Y ES EL QUE MÁS RÁPIDO GIRA SOBRE SÍ MISMO. SU DÍA DURA POCO MENOS DE 10 HORAS.

Sondas Juno y Cassini-Huygens

La sonda espacial *Juno* fue lanzada en 2011 para estudiar **JÚPITER**, adonde llegó cinco años después. *Juno* ha descubierto que allí hay enormes tormentas increíblemente violentas, ¡de unos 4000 km de diámetro!

La sonda *Cassini-Huygens,* tras casi 7 años de ruta, estudió **SATURNO** durante 76 días.

SATURNO, EL ANILLADO, TIENE TORMENTAS HURACANADAS DE HASTA ¡1800 KM/H!

Voyager 2

La sonda espacial *Voyager 2* fue lanzada en 1977 hacia **URANO** y **NEPTUNO,** y descubrió las muchas lunas de estos dos planetas (con los últimos descubrimientos Urano tiene 28 y Neptuno, 16). La sonda también ha permitido ver que Urano tiene 13 finos anillos, pero que no se ven porque están hechos de hielo y pequeñas rocas.

Transbordador espacial

Esta **lanzadera espacial** fue construida por la NASA. Es una plataforma de lanzamiento para enviar, fuera de la atmósfera terrestre, grandes cargas hacia distintas órbitas.

(3) (4) (5)

(2)

(1)

Despegue

(1) Despegue de la plataforma de lanzamiento.
(2) Toma de gran velocidad para atravesar la atmósfera terrestre.
(3) Desprendimiento de los dos propulsores, que regresan a Tierra.
(4) Ya fuera de la atmósfera terrestre, desprendimiento del tanque exterior.
(5) Posicionamiento en la órbita.

30

De esta forma se puede abastecer y añadir nuevos módulos a la Estación Espacial Internacional. Dentro viajan varios astronautas y van a una velocidad increíble: ¡28 800 km/h! Algunos transbordadores viajan para arreglar **satélites artificiales** que giran alrededor de nuestro planeta.

Despegue nocturno

Viajar y reparar

Entre los astronautas
siempre tiene que haber
ingenieros aeronáuticos
que sean capaces de
reparar cualquier avería.

*Reparación
de un satélite*

*Ensamblaje de
la EEI*

Brazo robótico

El transbordador tiene
un brazo robótico que
permite a los astronautas acceder
al satélite averiado y repararlo,
al igual que a la EEI. El trabajo
de acoplar y ensamblar allí es muy
complicado. Si un astronauta se soltase
en el espacio, se quedaría perdido para
siempre... ¡Nada le frenaría!

Satélites artificiales

Orbitando alrededor de nuestro planeta hay unos ocho mil satélites artificiales. Son satélites de telecomunicaciones y de observación meteorológica sobre todo.

GRACIAS A ESOS SATÉLITES PODEMOS HABLAR POR TELÉFONO O SABER QUÉ TIEMPO HARÁ.

Los astronautas

Cuando un piloto vuela por encima de la atmósfera terrestre, se le llama astronauta. Es una profesión fascinante, pero también exige mucha preparación.

(3)

(2)

(1)

El primer ser humano fuera de la Tierra

El astronauta **Yuri Gagarin** fue el primer ser humano en salir de la Tierra. Sucedió en 1961, a bordo del **Vostok 1** (donde solo podía viajar una persona), una cápsula que viajó a unos 27 400 km/h. Cuatro impulsores se separaron para darle impulso **(1)**; luego se liberó un cono superior **(2)** y salió despedida la cápsula en la que viajaba el astronauta **(3)**. Esta giró y frenó **(4)**. Al regresar y entrar en la órbita terrestre **(5)**, Yuri Gagarin se lanzó en paracaídas **(6)**.

El primer ser vivo en cruzar al espacio exterior fue la perrita rusa **Laika.** Lo hizo en 1957, a bordo del **Sputnik 2.**

(4)

(5)

Sputnik 1

Un mes antes de enviar a Laika, los rusos habían conseguido lanzar al espacio el primer satélite artificial: se llamaba **Sputnik 1.**

(6)

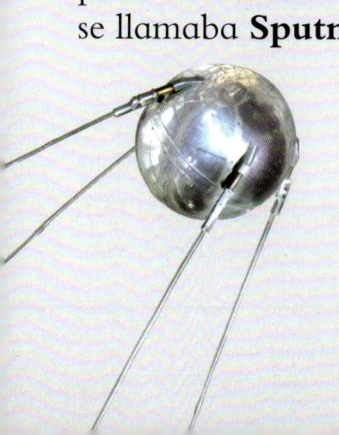

Tocar la Luna

Tras conseguir salir al espacio exterior, el siguiente reto para el ser humano era pisar la Luna. Para ello, Estados Unidos creó las **misiones Apolo.**

LA PRIMERA SONDA HUMANA QUE IMPACTÓ EN LA SUPERFICIE LUNAR SE LLAMABA LUNA 2.

Neil Armstrong

Este astronauta fue el primer humano que pisó la Luna. ¿Te suena esa mítica frase: «Es un pequeño paso para el hombre, pero un gran salto para la humanidad»? Fueron las palabras que pronunció Armstrong cuando pisó suelo lunar tras alunizar a bordo del Apolo XI. Las huellas que dejó en nuestro satélite seguirán allí millones de años al no haber atmósfera ni agua que las elimine.

20 de julio de 1969

El «buggy» lunar

Este vehículo fue llevado en varios Apolos y ensamblado en la Luna por los astronautas. No podía correr mucho y se utilizaba para recoger muestras de rocas.

«Buggy» lunar

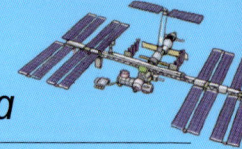

La vida del astronauta

Dentro de la EEI viven entre dos y siete astronautas, y van rotando cada medio año, porque vivir mucho tiempo **sin gravedad** es malo para nuestro cuerpo.

Allí dentro la vida es muy distinta. ¿Te imaginas cómo debe de ser moverse, dormir, comer, hacer ejercicio o ducharse... flotando?

LA FALTA DE GRAVEDAD PROLONGADA PRODUCE ATROFIA MUSCULAR.

¿SABÍAS QUE LOS ASTRONAUTAS TIENEN UN MÍNIMO DE 1000 HORAS DE PILOTAJE DE AVIÓN A REACCIÓN?

Toda su comida está envasada o deshidratada y el agua se bebe por un tubito. Si se les escapa una gota, ¡flota como una burbuja! Hay que «pescarla» para lavarse los dientes... Y menos mal que hay un **sistema de oxigenación** en la nave, porque en el espacio ¡no podemos respirar! Se genera entre 2,3 y 9 kg diarios de oxígeno.

¿SABÍAS QUE UN TRAJE ESPACIAL PESA MÁS QUE UNA NEVERA GRANDE?

Equipación

El traje espacial

Fuera de nuestra atmósfera no podríamos vivir ni un segundo. Sin embargo, los trajes espaciales son **una obra maestra de la ingeniería.** Y para que no tengan ningún problema allí arriba, cada traje tiene que pasar muchísimas pruebas.

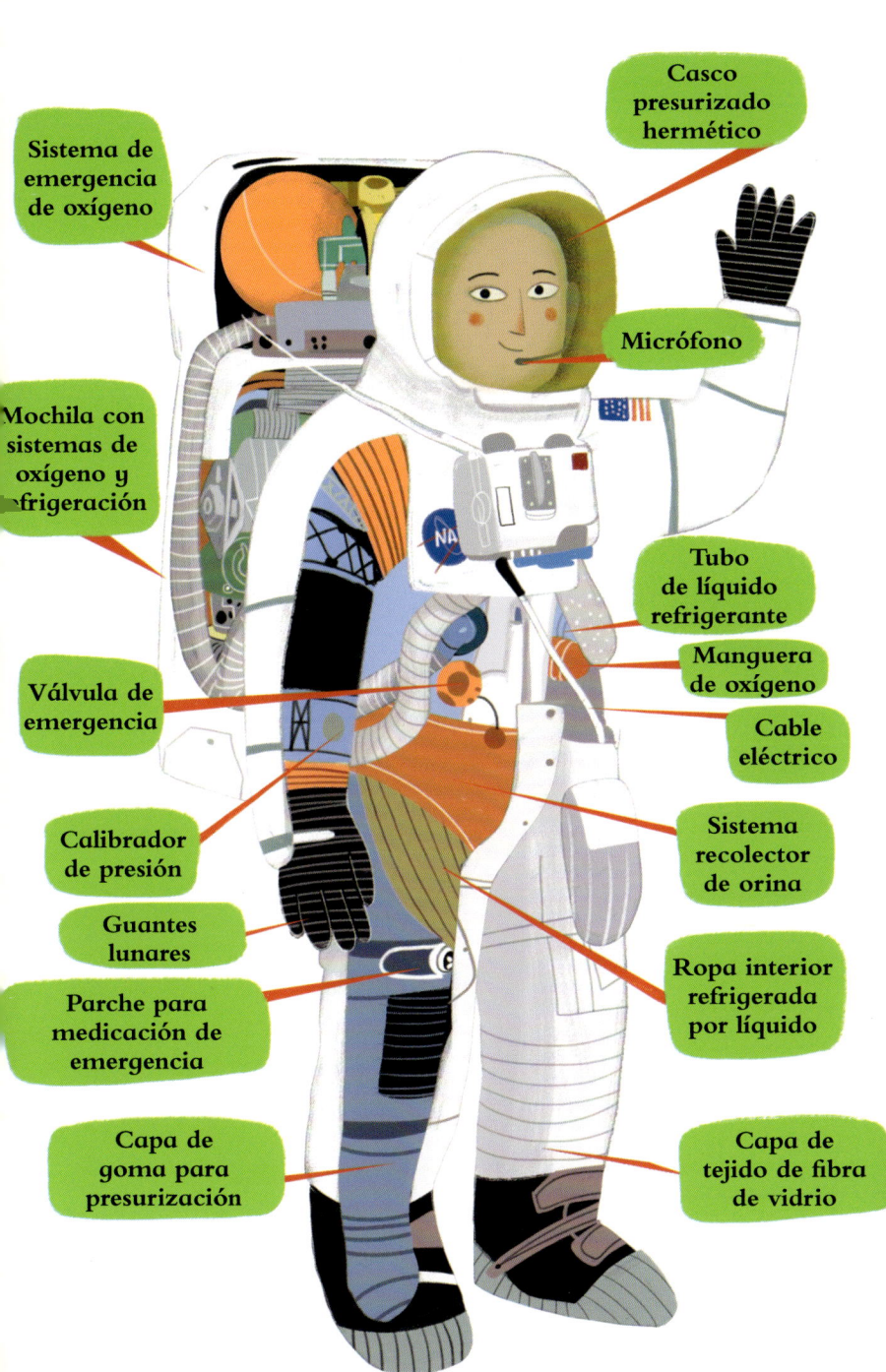

Casco presurizado hermético

Sistema de emergencia de oxígeno

Micrófono

Mochila con sistemas de oxígeno y refrigeración

Tubo de líquido refrigerante

Manguera de oxígeno

Válvula de emergencia

Cable eléctrico

Sistema recolector de orina

Calibrador de presión

Guantes lunares

Ropa interior refrigerada por líquido

Parche para medicación de emergencia

Capa de goma para presurización

Capa de tejido de fibra de vidrio

Día a día en el espacio

Aunque parece divertido, vivir en la EEI es **difícil.** Hay poco espacio, están mucho tiempo encerrados y no hay gravedad.

TODOS LOS OBJETOS SE FIJAN A LAS PAREDES EN BOLSAS ACOLCHADAS PARA NO HACERSE DAÑO.

EL VÁTER ES MUY PEQUEÑO. CADA ASTRONAUTA TIENE SU MANGUERA ASPIRADORA PARA QUE ABSORBA SUS DESECHOS.

SE LIMPIAN CON UNA ESPONJA ENJABONADA QUE NO NECESITA ENJUAGUE. UNA PARTE DEL AGUA LA TRAEN DE LA TIERRA; OTRA SE RECICLA EN LA NAVE.

DUERMEN DENTRO DE UN SACO AMARRADO CON CORREAS A LA PARED. DUERMEN POR TURNOS Y SE TAPAN LOS OJOS, PORQUE NO LO HACEN DE NOCHE NECESARIAMENTE, PUES HAY 16 NOCHES DIARIAS...

PARA HACER EJERCICIO SE ATAN UNOS ARNESES Y ASÍ PUEDEN CORRER, PEDALEAR O LEVANTAR ALGO DE PESO.

EL LABORATORIO ES UNA CÁMARA CON ENORMES GUANTES. ALLÍ APRENDEN A MANIPULAR OBJETOS COMO SI ESTUVIERAN FUERA DE LA NAVE. ¡NO ES NADA FÁCIL!

EL TELESCOPIO ESPACIAL HUBBLE FUE LANZADO AL ESPACIO EN 1990 Y DESDE ENTONCES NOS ENVÍA IMÁGENES INCREÍBLES. SE TRATA DE LA «CÁMARA DE FOTOS» MÁS IMPACTANTE DEL MUNDO.

Conoce algo más sobre…

La exploración del espacio

El ser humano siempre se ha sentido intrigado por los misterios que esconde el universo. Para los egipcios, por ejemplo, las luces que «flotaban» en el cielo eran dioses… ¿Te das cuenta de lo que hemos avanzado?

Hoy en día, gracias a los telescopios, observatorios, satélites, sondas, misiones interestelares, estaciones espaciales…, sabemos mucho más de nuestro cielo, pero aún nos quedan un montón de misterios por descubrir.

LEER CON SUSAETA